GRöLS Verlage

„BÜCHER SIND WIE FALLSCHIRME. SIE NÜTZEN UNS NICHTS, WENN WIR SIE NICHT ÖFFNEN."

Gröls Verlag

Redaktionelle Hinweise und Impressum

Das vorliegende Werk wurde zugunsten der Authentizität sehr zurückhaltend bearbeitet. So wurden etwa ursprüngliche Rechtschreibfehler *nicht* systematisch behoben, denn kleine Unvollkommenheiten machen das Buch – wie im Übrigen den Menschen – erst authentisch. Mitunter wurden jedoch zum Beispiel Absätze behutsam neu getrennt, um den Lesefluss zu erleichtern.

Um die Texte zu rekonstruieren, werden antiquarische Bücher von Lesegeräten gescannt und dann durch eine Software lesbar gemacht. Der so entstandene Text wird von Menschen gegengelesen und korrigiert – hierbei treten auch Fehler auf. Wenn Sie ebenfalls antiquarische Texte einreichen möchten, finden Sie weitere Informationen auf www.groels.de

Viel Freude bei der Lektüre wünscht Ihnen das Team des Gröls-Verlags.

Adressen
Verleger: Sophia Gröls, Im Borngrund 26, 61440 Oberursel
Externer Dienstleister für Distribution & Herstellung: BoD, In de Tarpen 42, 22848 Norderstedt

Unsere „Edition | Kleine Klassiker“ versammelt über hundert unbestrittene Klassiker der Weltliteratur in einem ästhetisch anspruchsvollen und handlichen Format.

Die Gröls-Klassiker-Editionen gehören heute mit ungefähr tausend Werken zu den größten Sammlungen klassischer Literatur im deutschen Sprachraum. Wir kultivieren und kuratieren damit einen der wertvollsten Bereiche der abendländischen Kultur. Kleine Auswahl:

Francis Bacon • Neues Organon • **Balzac** • Glanz und Elend der Kurtisanen • **Joachim H. Campe** • Robinson der Jüngere • **Dante Alighieri** • Die Göttliche Komödie • **Daniel Defoe** • Robinson Crusoe • **Charles Dickens** • Oliver Twist • **Denis Diderot** • Jacques der Fatalist • **Fjodor Dostojewski** • Schuld und Sühne • **Arthur Conan Doyle** • Der Hund von Baskerville • **Elisabeth von Österreich** • Das Poetische Tagebuch • **Friedrich Engels** • Die Lage der arbeitenden Klasse • **Ludwig Feuerbach** • Das Wesen des Christentums • **Fitzgerald** • Zärtlich ist die Nacht • **Flaubert** • Madame Bovary • **Theodor Fontane** • Effi Briest • **Robert Musil** • Über die Dummheit • **Edgar Wallace** • Der Frosch mit der Maske • **Jakob Wassermann** • Der Fall Maurizius • **Oscar Wilde** • Das Bildnis des Dorian Grey •

Mark Twain • Huckleberry Finns Abenteuer und Fahrten • **Anton Tschechow** • Die Möwe • **Ludwig Tieck** • Der gestiefelte Kater • **Feuerbach** • Das Wesen des Christentums • **Fitzgerald** • Zärtlich ist die Nacht • **Flaubert** • Madame Bovary • **Theodor Fontane** • Effi Briest • **Robert Musil** • Über die Dummheit • **Edgar Wallace** • Der Frosch mit der Maske • **Jakob Wassermann** • Der Fall Maurizius • **Oscar Wilde** • Das Bildnis des Dorian Grey • **Mark Twain** • Huckleberry Finns Abenteuer und Fahrten • **Anton Tschechow** • Die Möwe • **Ludwig Tieck** • Der gestiefelte Kater • **Jonathan Swift** • Gullivers Reisen • **Robert Louis Stevenson** • Die Schatzinsel • **William Shakespeare** • Othello • **Arthur Schopenhauer** • Die Kunst, Recht zu behalten • **Felix Salten** • Bambi • **Platon** • Der Staat • **Arthur Schnitzler** • Traumnovelle • **Friedrich Schiller** • Wilhelm Tell • **Karl May** • Winnetou • **Franz Kafka** • Der Prozeß • Platon • Verteidigungsrede • **Jules Verne** • Reise nachdem Mittelpunkt der Erde • **Leo Tolstoi** • Auferstehung • **August Strindberg** • Inferno • **Julius Stinde** • Familie Buchholz • **Wilhelm Raabe** • Die schwarze Galeere • **Friedrich Nietzsche** • Götzendämmerung • **Gotthold Ephraim Lessing** • Emilia Galotti *und viele weitere Werke….*

Oskar Wilde

Salome

Übersetzung von Hedwig Lachmann

Musik von Richard Strauss

Inhalt

Personen:

Herodes	Tenor
Herodias	Mezzosopran
Salome	Sopran
Jochanaan	Bariton
Narraboth	Tenor
Ein Page der Herodias	Alt
Fünf Juden	4 Tenöre, 1 Baß
Zwei Nazarener	Tenor, Baß
Zwei Soldaten, Ein Cappadocier	Bässe
Ein Sklave	

Eine große Terrasse im Palast des Herodes, die an den Bankettsaal stößt. Einige Soldaten lehnen sich über die Brüstung. Rechts eine mächtige Treppe, links im Hintergrund eine alte Cisterne mit einer Einfassung aus grüner Bronze. Der Mond scheint sehr hell.

Erste Szene.

Narraboth. Wie schön ist die Prinzessin Salome heute nacht!

Page. Sieh die Mondscheibe, wie sie seltsam aussieht. Wie eine Frau, die aufsteigt aus dem Grab.

Narraboth. Sie ist sehr seltsam. Wie eine kleine Prinzessin, deren Füße weiße Tauben sind. Man könnte meinen, sie tanzt.

Page. Wie eine Frau, die tot ist. Sie gleitet langsam dahin. *(Lärm im Bankettsaal.)*

Erster Soldat. Was für ein Aufruhr! Was sind das für wilde Tiere, die da heulen?

Zweiter Soldat. Die Juden. *(Trocken)* Sie sind immer so. Sie streiten über ihre Religion.

Erster Soldat. Ich finde es lächerlich, über solche Dinge zu streiten.

Narraboth Wie schön ist die Prinzessin Salome heute abend!

Page *(unruhig)*. Du siehst sie immer an. Du siehst sie zuviel an. Es ist gefährlich, Menschen auf diese Art anzusehn. Schreckliches kann geschehn.

Narraboth. Sie ist sehr schön heute abend.

Erster Soldat. Der Tetrarch sieht finster drein.

Zweiter Soldat. Ja, er sieht finster drein.

Erster Soldat. Auf wen blickt er?

Zweiter Soldat. Ich weiß nicht.

Narraboth. Wie blaß die Prinzessin ist. Niemals habe ich sie so blaß gesehn. Sie ist wie der Schatten einer weißen Rose in einem silbernen Spiegel.

Page *(sehr unruhig)*. Du mußt sie nicht ansehn. Du siehst sie zuviel an. Schreckliches kann geschehn.

Die Stimme des Jochanaan *(aus der Cisterne)*. Nach mir wird Einer kommen, der ist stärkcr als ich.

Ich bin nicht wert, ihm zu lösen den Riemen an seinen Schuh'n. Wenn er kommt, werden die verödeten Stätten frohlocken. Wenn er kommt, werden die Augen der Blinden den Tag sehn. Wenn er kommt, die Ohren der Tauben geöffnet.

Zweiter Soldat. Heiß' ihn schweigen! Er sagt immer lächerliche Dinge.

Erster Soldat. Er ist ein heil'ger Mann. Er ist sehr sanft. Jeden Tag, den ich ihm zu essen gebe, dankt er mir.

Ein Cappadocier. Wer ist es?

Erster Soldat. Ein Prophet.

Ein Cappadocier. Wie ist sein Name?

Erster Soldat. Jochanaan.

Ein Cappadocier. Woher kommt er?

Erster Soldat. Aus der Wüste. Eine Schar von Jüngern war dort immer um ihn.

Ein Cappadocier. Wovon redet er?

Erster Soldat. Unmöglich ist's, zu verstehn, was er sagt.

Ein Cappadocier. Kann man ihn sehn?

Erster Soldat. Nein, der Tetrarch hat es verboten.

Narraboth (sehr erregt). Die Prinzessin erhebt sich! Sie verläßt die Tafel. Sie ist sehr erregt. Sie kommt hierher.

Page. Sieh sie nicht an!

Narraboth. Ja, sie kommt auf uns zu.

Page. Ich bitte dich, sieh sie nicht an!

Narraboth. Sie ist wie eine verirrte Taube.

Zweite Szene.

(Salome tritt erregt ein.)

Salome. Ich will nicht bleiben. Ich kann nicht bleiben. Warum sieht mich der Tetrarch fortwährend so an mit seinen Maulwurfsaugen unter den zuckenden Lidern? Es ist seltsam, daß der Mann meiner Mutter mich so ansieht. Wie süß ist hier die Luft! Hier kann ich atmen ... Da drinnen sitzen Juden aus Jerusalem, die einander über ihre närrischen Gebräuche in Stücke reißen ...

Schweigsame, list'ge Ägypter und brutale ungeschlachte Römer mit ihrer plumpen Sprache ... O, wie ich diese Römer hasse!

Page *(zu Narraboth)*. Schreckliches wird geschehn. Warum siehst du sie so an?

Salome. Wie gut ist's, in den Mond zu sehn. Er ist wie eine silberne Blume, kühl und keusch. Ja, wie die Schönheit einer Jungfrau, die rein geblieben ist.

Die Stimme des Jochanaan. Siehe, der Herr ist gekommen, des Menschen Sohn ist nahe.

Salome. Wer war das, der hier gerufen hat?

Zweiter Soldat. Der Prophet, Prinzessin.

Salome. Ach, der Prophet! Der, vor dem der Tetrarch Angst hat?

Zweiter Soldat. Wir wissen davon nichts, Prinzessin. Es war der Prophet Jochanaan, der hier rief.

Narraboth(zu Salome). Beliebt es Euch, daß ich Eure Sänfte holen lasse, Prinzessin? Die Nacht ist schön im Garten.

Salome. Er sagt schreckliche Dinge über meine Mutter, nicht wahr?

Zweiter Soldat. Wir verstehen nie, was er sagt, Prinzessin.

Salome. Ja, er sagt schreckliche Dinge über sie.

(Ein Sklave tritt ein.)

Sklave. Prinzessin, der Tetrarch ersucht Euch, wieder zum Fest hineinzugehn.

Salome *(heftig)*. Ich will nicht hineingehn.

(Der Sklave geht ab.)

Salome. Ist dieser Prophet ein alter Mann?

Narraboth *(dringender)*. Prinzessin, es wäre besser hineinzugehn. Gestattet, daß ich Euch führe.

Salome *(gesteigert)*. Ist der Prophet ein alter Mann?

Erster Soldat. Nein, Prinzessin, er ist ganz jung.

Die Stimme des Jochanaan. Jauchze nicht, du Land Palästina, weil der Stab dessen, der dich schlug, gebrochen ist. Denn aus dem Samen der Schlange wird ein Basilisk kommen, und seine Brut wird die Vögel verschlingen.

Salome. Welch seltsame Stimme! Ich möchte mit ihm sprechen ...

Zweiter Soldat. Prinzessin, der Tetrarch duldet nicht, daß irgend wer mit ihm spricht. Er hat selbst dem Hohenpriester verboten, mit ihm zu sprechen.

Salome. Ich wünsche mit ihm zu sprechen.

Zweiter Soldat. Es ist unmöglich, Prinzessin.

Salome *(immer heftiger)*. Ich will mit ihm sprechen ... Bringt diesen Propheten heraus!

Zweiter Soldat. Wir dürfen nicht, Prinzessin.

Salome *(tritt an die Cisterne heran und blickt hinunter)*. Wie schwarz es da drunten ist! Es muß schrecklich sein, in so einer schwarzen Höhle zu leben ... Es ist wie eine Gruft ... (wild) Habt ihr nicht gehört? Bringt den

Propheten heraus! Ich möchte ihn sehn!

Erster Soldat. Prinzessin, wir dürfen nicht tun, was Ihr von uns begehrt.

Salome *(erblickt Narraboth).* Ah!

Page. O, was wird geschehn? Ich weiß, es wird Schreckliches geschehn.

Salome *(tritt an Narraboth heran, leise und lebhaft sprechend).* Du wirst das für mich tun,

Narraboth, nicht wahr? Ich war dir immer gewogen. Du wirst das für mich tun. Ich möchte ihn bloß sehn, diesen seltsamen Propheten. Die Leute haben soviel von ihm gesprochen. Ich glaube, der Tetrarch hat Angst vor ihm.

Narraboth. Der Tetrarch hat es ausdrücklich verboten, daß irgend wer den Deckel zu diesem Brunnen aufhebt.

Salome. Du wirst das für mich tun, Narraboth, *(sehr hastig)* und morgen, wenn ich in meiner Sänfte an dem Torweg, wo die Götzenbilder stehn, vorbeikomme, werde ich eine kleine Blume für dich fallen lassen, ein kleines grünes Blümchen.

Narraboth. Prinzessin, ich kann nicht, ich kann nicht.

Salome *(bestimmter)*. Du wirst das für mich tun, Narraboth. Du weißt, daß du das für mich tun wirst. Und morgen früh werde ich unter den Musselinschleiern dir einen Blick zuwerfen, Narraboth, ich werde dich ansehn, kann sein, ich werde dir zulächeln. Sieh mich an, Narraboth, sieh mich an. Ah! wie gut du weißt, daß du tun wirst, um was ich dich bitte! Wie du es weißt! *(Stark)* Ich weiß, du wirst das tun.

Narraboth *(gibt den Soldaten ein Zeichen)*. Laßt den Propheten herauskommen ... die Prinzessin Salome wünscht ihn zu sehn.

Salome. Ah!

(Der Prophet kommt aus der Cisterne.)

Dritte Szene.

(Salome, in seinen Anblick versunken, weicht langsam vor ihm zurück.)

Jochanaan *(stark)*. Wo ist er, dessen Sündenbecher jetzt voll ist? Wo ist er, der eines Tages im Angesicht alles Volkes in einem Silbermantel sterben wird? Heißt ihn herkommen, auf daß er die Stimme Dessen höre, der in den Wüsten und in den Häusern der Könige gekündet hat.

Salome. Von wem spricht er?

Narraboth. Niemand kann es sagen, Prinzessin.

Jochanaan. Wo ist sie, die sich hingab der Lust ihrer Augen, die gestanden hat vor buntgemalten Männerbildern und Gesandte ins Land der Chaldäer schickte?

Salome *(tonlos)*. Er spricht von meiner Mutter.

Narraboth *(heftig)*. Nein, nein Prinzessin.

Salome *(matt)*. Ja, er spricht von meiner Mutter.

Jochanaan. Wo ist sie, die den Hauptleuten Assyriens sich gab? Wo ist sie, die sich den jungen Männern der Ägypter gegeben hat, die in feinem Leinen und Hyazinthgesteinen prangen, deren Schilde von Gold sind und die Leiber wie von Riesen? Geht, heißt sie aufstehn von dem Bett ihrer Greuel, vom Bett ihrer Blutschande; auf daß sie die

Worte Dessen vernehme, der dem Herrn die Wege bereitet, und ihre Missetaten bereue. Und wenn sie gleich nicht bereut, heißt sie herkommen, denn die Geißel des Herrn ist in seiner Hand.

Salome. Er ist schrecklich. Er ist wirklich schrecklich.

Narraboth. Bleibt nicht hier, Prinzessin, ich bitte Euch!

Salome. Seine Augen sind von allem das Schrecklichste. Sie sind wie die schwarzen Höhlen, wo die Drachen hausen! Sie sind wie schwarze Seen, aus denen irres Mondlicht flackert. Glaubt ihr, daß er noch einmal sprechen wird?

Narraboth *(immer aufgeregter)*. Bleibt nicht hier, Prinzessin. Ich bitte Euch, bleibt nicht hier.

Salome. Wie abgezehrt er ist! Er ist wie ein Bildnis aus Elfenbein. Gewiß ist er keusch wie der Mond. Sein Fleisch muß sehr kühl sein, kühl wie Elfenbein. Ich möchte ihn näher besehn.

Narraboth. Nein, nein, Prinzessin.

Salome. Ich muß ihn näher besehn.

Narraboth. Prinzessin! Prinzessin ...

Jochanaan. Wer ist dies Weib, das mich ansieht? Ich will ihre Augen nicht auf mir haben.

Warum sieht sie mich so an mit ihren Goldaugen unter den gleißenden Lidern? Ich weiß nicht, wer sie ist. Ich will nicht wissen, wer sie ist. Heißt sie gehn! Zu ihr will ich nicht sprechen.

Salome. Ich bin Salome, die Tochter der Herodias, Prinzessin von Judäa.

Jochanaan. Zurück, Tochter Babylons! Komm dem Erwählten

des Herrn nicht nahe! Deine Mutter hat die Erde erfüllt mit dem Wein ihrer Lüste, und das Unmaß ihrer Sünden schreit zu Gott.

Salome. Sprich mehr, Jochanaan, deine Stimme ist wie Musik in meinen Ohren.

Narraboth. Prinzessin! Prinzessin! Prinzessin!

Salome. Sprich mehr! Sprich mehr, Jochanaan, und sag' mir, was ich tun soll?

Jochanaan. Tochter Sodoms, komm mir nicht nahe! Vielmehr bedecke dein Gesicht mit einem Schleier, streue Asche auf deinen Kopf, mach dich auf in die Wüste und suche des Menschen Sohn.

Salome. Wer ist das, des Menschen Sohn? Ist er so schön wie du, Jochanaan?

Jochanaan. Weiche von mir! Ich höre die Flügel des Todesengels im Palaste rauschen ...

Salome. Jochanaan!

Narraboth. Prinzessin, ich flehe, geh hinein!

Salome. Jochanaan! Ich bin verliebt in deinen Leib, Jochanaan! Dein Leib ist weiß wie die Lilien auf einem Felde, von der Sichel nie berührt. Dein Leib ist weiß wie der Schnee auf den Bergen

Judäas. Die Rosen im Garten von Arabiens Königin sind nicht so weiß wie dein Leib, nicht die Rosen im Garten der Königin, nicht die Füße der Dämmerung auf den Blättern, nicht die Brüste des Mondes auf dem Meere, nichts in der Welt ist so weiß wie dein Leib. Laß mich ihn berühren, deinen Leib!

Jochanaan. Zurück, Tochter Babylons! Durch das Weib kam das Übel in die Welt. Sprich nicht zu mir. Ich will dich nicht anhör'n! Ich höre nur auf die Stimme des Herrn, meines Gottes.

Salome. Dein Leib ist grauenvoll. Er ist wie der Leib eines Aussätzigen. Er ist wie eine getünchte Wand, wo Nattern gekrochen sind; wie eine getünchte Wand, wo die Skorpione ihr Nest gebaut. Er ist wie ein übertünchtes Grab voll widerlicher Dinge. Er ist gräßlich, dein Leib ist gräßlich. In dein Haar bin ich verliebt, Jochanaan. Dein Haar ist wie Weintrauben, wie Büschel schwarzer Trauben, an den Weinstöcken Edoms. Dein Haar ist wie die Cedern, die großen Cedern vom Libanon, die den Löwen und Räubern Schatten spenden. Die langen schwarzen Nächte, wenn der Mond sich verbirgt, wenn die Sterne bangen, sind nicht so schwarz wie dein Haar. Des Waldes Schweigen .... Nichts in der Welt ist so schwarz wie dein Haar. Laß mich es berühren, dein Haar!

Jochanaan. Zurück, Tochter Sodoms! Berühre mich nicht! Entweihe nicht den Tempel des Herrn, meines Gottes!

Salome. Dein Haar ist gräßlich! Es starrt von Staub und Unrat. Es ist wie eine Dornenkrone auf deinen Kopf gesetzt. Es ist wie ein

Schlangenknoten gewickelt um deinen Hals. Ich liebe dein Haar nicht. (Mit höchster Leidenschaft) Deinen Mund begehre ich, Jochanaan. Dein Mund ist wie ein Scharlachband an einem Turm von Elfenbein. Er ist wie ein Granatapfel, von einem Silbermesser zerteilt. Die Granatapfelblüten in den Gärten von Tyrus, glüh'nder als Rosen, sind nicht so rot. Die roten Fanfaren der Trompeten, die das

Nah'n von Kön'gen künden und vor denen der Feind erzittert, sind nicht so rot, wie dein roter Mund. Dein Mund ist röter als die Füße der Männer, die den Wein stampfen in der Kelter. Er ist röter als die Füße der Tauben, die in den Tempeln wohnen. Dein Mund ist wie ein Korallenzweig in der Dämm'rung des Meer's, wie der Purpur in den Gruben von Moab, der Purpur der Könige. *(Außer sich)* Nichts in der Welt ist so rot wie dein Mund. Laß mich ihn küssen, deinen Mund.

Jochanaan *(leise, in tonlosem Schauder)*. Niemals, Tochter Babylons, Tochter Sodoms ... Niemals!

Salome. Ich will deinen Mund küssen, Jochanaan. Ich will deinen Mund küssen. ...

Narraboth *(in höchster Angst und Verzweiflung)*. Prinzessin,

Prinzessin, die wie ein Garten von Myrrhen ist, die die Taube aller Tauben ist, sieh diesen Mann nicht an. Sprich nicht solche Worte zu ihm. Ich kann es nicht ertragen. ...

Salome. Ich will deinen Mund küssen, Jochanaan. Ich will deinen Mund küssen.

(Narraboth ersticht sich und fällt tot zwischen Salome Jochanaan.)

Salome. Laß mich deinen Mund küssen, Jochanaan!

Jochanaan. Wird dir nicht bange, Tochter der Herodias?

Salome. Laß mich deinen Mund küssen, Jochanaan!

Jochanaan. Tochter der Unzucht, es lebt nur Einer, der dich retten kann. Geh', such' ihn. *(Mit größter Wärme)* Such' ihn. Er ist in einem Nachen auf dem See von Galiläa und redet zu seinen

Jüngern, *(sehr feierlich)* Knie nieder am Ufer des Sees, ruf ihn an und rufe ihn beim Namen, wenn er zu dir kommt, und er kommt zu allen, die ihn rufen, dann bücke dich zu seinen Füßen, daß er dir deine Sünden vergebe.

Salome *(wie verzweifelt)*. Laß mich deinen Mund küssen, Jochanaan!

Jochanaan. Sei verflucht, Tochter der blutschänderischen Mutter, sei verflucht!

Salome. Laß mich deinen Mund küssen, Jochanaan!

Jochanaan. Ich will dich nicht ansehn. Du bist verflucht, Salome. Du bist verflucht. *(Er geht wieder in die Cisterne hinab.)*

Vierte Szene

(Herodes, Herodias treten mit Gefolge ein.)

Herodes. wo ist Salome? Wo ist die Prinzessin? Warum kam sie nicht wieder zum Bankett, wie ich ihr befohlen hatte? Ah! Da ist sie!

Herodias. Du sollst sie nicht ansehn. Fortwährend siehst du sie an!

Herodes. Wie der Mond heute nacht aussieht! Ist es nicht ein seltsames Bild? Es sieht aus wie ein wahnwitziges Weib, das überall nach Buhlen sucht ..., wie ein betrunkenes Weib, das durch Wolken taumelt...

Herodias. Nein, der Mond ist wie der Mond, das ist alles, wir wollen hineingehn.

Herodes. Ich will hier bleiben. Manassah, leg Teppiche hierher! Zündet Fackeln an! Ich will noch Wein mit meinen Gästen trinken! Ah! Ich bin ausgeglitten. Ich bin in Blut getreten, das ist ein böses Zeichen. Warum ist hier Blut? Und dieser Tote? Wer ist dieser Tote hier? Wer ist dieser Tote? Ich will ihn nicht sehn.

Erster Soldat. Es ist unser Hauptmann, Herr.

Herodes. Ich erließ keinen Befehl, daß er getötet werde.

Erster Soldat. Er hat sich selbst getötet, Herr.

Herodes. Das scheint mir seltsam. Der junge Syrier, er war sehr schön. Ich erinnere mich, ich sah seine schmachtenden Augen, wenn er Salome ansah. – Fort mit ihm. *(sie tragen den Leichnam weg.)* Es ist kalt hier. Es weht ein Wind. ... Weht nicht ein Wind?

Herodias *(trocken)*. Nein, es weht kein Wind.

Herodes. Ich sage euch, es weht ein Wind. – und in der Luft höre ich etwas wie das Rauschen von mächtigen Flügeln. ... Hört ihr es nicht?

Herodias. Ich höre nichts.

Herodes. Jetzt höre ich es nicht mehr. Aber ich habe es gehört, es war das Wehn des Windes. Es ist vorüber. Horch! Hört ihr es nicht? Das Rauschen von mächt'gen Flügeln. ...

Herodias. Du bist krank, wir wollen hineingehn.

Herodes. Ich bin nicht krank. Aber deine Tochter ist krank zu Tode. Niemals hab' ich sie so blaß gesehn.

Herodias. Ich habe dir gesagt, du sollst sie nicht ansehn.

Herodes. Schenkt mir Wein ein. *(Es wird Wein gebracht.)* Salome, komm, trink Wein mit mir, einen köstlichen Wein. Cäsar selbst hat ihn mir geschickt. Tauche deine kleinen roten Lippen hinein, deine kleinen roten Lippen, dann will ich den Becher leeren.

Salome. Ich bin nicht durstig, Tetrarch.

Herodes. Hörst du, wie sie mir antwortet, diese deine Tochter?

Herodias. Sie hat recht. Warum starrst du sie immer an?

Herodes. Bringt reife Früchte. (Es werden Früchte gebracht.) Salome, komm, iß mit mir von diesen Früchten. Den Abdruck deiner kleinen, weißen Zähne in einer Frucht seh' ich so gern. Beiß nur ein wenig ab, nur ein wenig von dieser Frucht, dann will ich essen, was übrig ist.

Salome. Ich bin nicht hungrig, Tetrarch.

Herodes *(zu Herodias)*. Du siehst, wie du diese deine Tochter erzogen hast!

Herodias. Meine Tochter und ich stammen aus königlichem Blut. Dein Vater war Kameltreiber, dein Vater war ein Dieb und ein Räuber obendrein.

Herodes. Salome, komm, setz dich zu mir. Du sollst auf dem Thron deiner Mutter sitzen.

Salome. Ich bin nicht müde, Tetrarch.

Herodias. Du siehst, wie sie dich achtet.

Herodes. Bringt mir – was wünsche ich denn? Ich habe es vergessen. Ah! Ah! Ich erinnre mich –

Die Stimme des Jochanaan. Siehe, die Zeit ist gekommen, der Tag, von dem ich sprach, ist da.

Herodias. Heiß' ihn schweigen! Dieser Mensch beschimpft mich!

Herodes. Er hat nichts gegen dich gesagt. Überdies ist er ein sehr großer Prophet.

Herodias. Ich glaube nicht an Propheten. Aber du, du hast Angst vor ihm!

Herodes. Ich habe vor niemandem Angst.

Herodias. Ich sage dir, du hast Angst vor ihm. Warum lieferst du ihn nicht den Juden aus, die seit Monaten nach ihm schreien?

Erster Jude. Wahrhaftig, Herr, es wäre besser, ihn in unsre Hände zu geben!

Herodes. Genug davon! Ich werde ihn nicht in eure Hände geben. Er ist ein heil'ger Mann. Er ist ein Mann, der Gott geschaut hat.

Erster Jude. Das kann nicht sein. Seit dem Propheten Elias hat niemand Gott gesehn. Er war der letzte, der Gott von Angesicht geschaut. In unsren Tagen zeigt sich Gott nicht. Gott verbirgt sich. Darum ist großes Übel über das Land gekommen, großes Übel.

Zweiter Jude. In Wahrheit weiß niemand, ob Elias in der Tat Gott gesehen hat. Möglicherweise war es nur der Schatten Gottes, was er sah.

Dritter Jude. Gott ist zu keiner Zeit verborgen. Er zeigt sich zu allen Zeiten und an allen Orten. Gott ist im schlimmen ebenso wie im guten.

Vierter Jude. Du solltest das nicht sagen, es ist eine sehr gefährliche

Lehre aus Alexandria. Und die Griechen sind Heiden.

Fünfter Jude. Niemand kann sagen, wie Gott wirkt. Seine Wege sind sehr dunkel. Wir können nur unser Haupt unter seinen Willen beugen, denn Gott ist sehr stark.

Erster Jude. Du sagst die Wahrheit. Fürwahr, Gott ist furchtbar. Aber was diesen Menschen angeht, der hat Gott nie gesehn. Seit dem Propheten Elias hat niemand

Gott gesehn. Er war der letzte, der Gott von Angesicht zu Angesicht geschaut. In unsren Tagen zeigt sich Gott nicht. Gott verbirgt sich. Darum ist großes Übel über das Land gekommen. Er war der letzte usw.

Zweiter Jude. In Wahrheit weiß niemand, ob Elias in der Tat Gott gesehen hat. Möglicherweise war es nur der Schatten Gottes, was er sah. In Wahrheit weiß niemand, ob Elias auch wirklich

Gott gesehen hat. Gott ist furchtbar, er bricht den Starken in Stücke, den Starken wie den Schwachen, denn jeder gilt ihm gleich. Möglicherweise usw.

Dritter Jude. Gott ist zu keiner Zeit verborgen. Er zeigt sich zu allen Zeiten. Er zeigt sich an allen Orten. Gott ist im schlimmen ebenso wie im guten. Gott ist zu keiner Zeit verborgen. Gott zeigt sich zu allen Zeiten und an allen

Orten. Gott ist im guten ebenso wie im bösen ...

Vierter Jude *(zum dritten)*. Du solltest das nicht sagen, es ist eine sehr gefährliche Lehre aus Alexandria. Und die Griechen sind Heiden. Niemand kann sagen, wie Gott wirkt, denn Gott ist sehr stark. Er bricht den starken wie den Schwachen in Stücke. Gott ist stark.

Fünfter Jude. Niemand kann sagen wie Gott wirkt, seine Wege sind sehr dunkel. Es kann sein, daß die Dinge, die wir gut nennen, sehr schlimm sind, und die Dinge, die wir schlimm nennen, sehr gut sind, wir wissen von nichts etwas ...

Herodias *(zu Herodes, heftig)*. Heiß' sie schweigen, sie langweilen mich.

Herodes. Doch hab' ich davon sprechen hören, Jochanaan sei in Wahrheit euer Prophet Elias.

Erster Jude. Das kann nicht sein. Seit den Tagen des Propheten Elias sind mehr als dreihundert Jahre vergangen.

Erster Nazarener. Mir ist sicher, daß er der Prophet Elias ist.

Erster Jude. Das kann nicht sein. Seit den Tagen des Propheten

Elias sind mehr als dreihundert Jahre vergangen ...

Zweiter, dritter, vierter und fünfter Jude. Keineswegs, er ist nicht der Prophet Elias.

Herodias. Heiß' sie schweigen!

Stimme des Jochanaan. Siehe, der Tag ist nahe, der Tag des Herrn, und ich höre auf den Bergen die Schritte Dessen, der sein wird der Erlöser der Welt.

Herodes. Was soll das heißen, der Erlöser der Welt?

Erster Nazarener. *(emphatisch)* Der Messias ist gekommen.

Erster Jude. *(schreiend)* Der Messias ist nicht gekommen.

Erster Nazarener. Er ist gekommen, und allenthalben tut er Wunder. Bei einer Hochzeit in Galiläa hat er Wasser in Wein verwandelt. Er heilte zwei Aussätzige von Capernaum.

Zweiter Nazarener. Durch bloßes Berühren!

Erster Nazarener. Er hat auch Blinde geheilt. Man hat ihn auf einem Berge im Gespräch mit Engeln gesehn!

Herodias. Oho! Ich glaube nicht an Wunder, ich habe ihrer zu viele gesehn!

Erster Nazarener. Die Tochter des Jairus hat er von den Toten erweckt.

Herodes *(erscheckt)*. Wie, er erweckt die Toten?

Erster und zweiter Nazarener. Jawohl. Er erweckt die Toten.

Herodes. Ich verbiete ihm, das zu tun. Es wäre schrecklich, wenn die Toten wiederkämen! Wo ist der Mann zurzeit?

Erster Nazarener. Herr, er ist überall, aber es ist schwer, ihn zu finden.

Herodes. Der Mann muß gefunden werden.

Zweiter Nazarener. Es heißt, in Samaria weile er jetzt.

Erster Nazarener. Vor ein paar Tagen verließ er Samaria, ich glaube, im Augenblick ist er in der Nähe von Jerusalem.

Herodes. So hört: Ich verbiete ihm, die Toten zu erwecken! Es müßte schrecklich sein, wenn die Toten wiederkämen!

Die Stimme des Jochanaan. O über dieses geile Weib, die Tochter Babylons. So spricht der Herr, unser Gott: Eine Menge Menschen wird sich gegen sie sammeln, und sie werden Steine nehmen und sie steinigen!

Herodias. (wütend) Befiehl ihm, er soll schweigen! Wahrhaftig, es ist schändlich!

Die Stimme des Jochanaan. Die Kriegshauptleute werden sie mit ihren Schwertern durchbohren, sie werden sie mit ihren Schilden zermalmen!

Herodias. Er soll schweigen!

Die Stimme des Jochanaan. Es ist so, daß ich alle Verruchtheit austilgen werde, daß ich alle Weiber lehren werde, nicht auf den Wegen ihrer Greuel zu wandeln!

Herodias. Du hörst, was er gegen mich sagt, du duldest es, daß er die schmähe, die dein Weib ist.

Herodes. Er hat deinen Namen nicht genannt.

Die Stimme des Jochanaan. *(sehr feierlich)* Es kommt ein Tag, da wird die Sonne finster werden wie ein schwarzes Tuch. Und der Mond wird werden wie Blut, und die Sterne des Himmels werden zur Erde fallen wie unreife

Feigen vom Feigenbaum. Es kommt ein Tag, wo die Kön'ge der Erde erzittern.

Herodias. Ha ha! Dieser Prophet schwatzt wie ein Betrunkener... Aber ich kann den Klang seiner Stimme nicht ertragen, ich hasse seine Stimme. Befiehl ihm, er soll schweigen.

Herodes. Tanz für mich, Salome.

Herodias. *(heftig)* Ich will nicht haben, daß sie tanzt.

Salome. *(ruhig)* Ich habe keine Lust, zu tanzen, Tetrarch.

Herodes. Salome, Tochter der Herodias, tanz für mich!

Salome. Ich will nicht tanzen, Tetrarch.

Herodias. Du siehst, wie sie dir gehorcht.

Die Stimme des Jochanaan. Er wird auf seinem Throne sitzen, er wird gekleidet sein in Scharlach und Purpur. Und der Engel des

Herrn wird ihn darniederschlagen. Er wird von den Würmern gefressen werden.

Herodes. Salome, Salome, tanz für mich, ich bitte dich. Ich bin traurig heute nacht, drum tanz für mich. Salome, tanz für mich! Wenn du für mich tanzest, kannst du von mir begehren, was du willst. Ich werde es dir geben.

Salome. (aufstehend) Willst du mir wirklich alles geben, was ich von dir begehre, Tetrarch?

Herodias. Tanze nicht, meine Tochter!

Herodes. Alles, was du von mir begehren wirst, und wär's die Hälfte meines Königreichs.

Salome. Du schwörst es, Tetrarch?

Herodes. Ich schwör' es, Salome.

Salome. Wobei willst du das beschwören, Tetrarch?

Herodes. Bei meinem Leben, bei meiner Krone, bei meinen Göttern. O Salome, Salome, tanz für mich!

Herodias. Tanze nicht, meine Tochter!

Salome. Du hast einen Eid geschworen, Tetrarch.

Herodes. Ich habe einen Eid geschworen!

Herodias. Meine Tochter, tanze nicht!

Herodes. Und wär's die Hälfte meines Königreichs. Du wirst schön sein als Königin, unermeßlich schön. *(Erschauernd)* Ah! – es ist kalt hier. Es weht ein eisger Wind und ich höre... Warum höre ich in der Luft dieses Rauschen von Flügeln? Ah! Es ist doch so, als ob ein ungeheurer, schwarzer Vogel über der Terrasse schwebte? Warum kann ich ihn nicht sehn, diesen Vogel?

Dieses Rauschen ist schrecklich. Es ist ein schneidender Wind. Aber nein, er ist nicht kalt, er ist heiß. Gießt mir Wasser über die Hände, gebt mir Schnee zu essen, macht mir den Mantel los. Schnell, schnell, macht mir den Mantel los! Doch nein! Laßt ihn! Dieser Kranz drückt mich. Diese Rosen sind wie Feuer. *(Er reißt sich das Kranzgewinde ab und wirft es auf den Tisch.)* Ah! Jetzt kann ich atmen. Jetzt bin ich glücklich. *(Matt)* willst du für mich tanzen, Salome?

Herodias. Ich will nicht haben, daß sie tanze!

Salome. Ich will für dich tanzen. *(Sklavinnen bringen Salben und die sieben Schleier und nehmen Salome die Sandalen ab.)*

Die Stimme des Jochanaan. Wer ist Der, der von Edom kommt, wer ist Der, der von Bosra kommt, dessen Kleid mit Purpur gefärbt ist, der in der Schönheit seiner Gewänder leuchtet, der mächtig in seiner Größe wandelt, warum ist dein Kleid mit Scharlach gefleckt?

Herodias. Wir wollen hineingehn. Die Stimme dieses Menschen macht mich wahnsinnig. *(Immer heftiger)* Ich will nicht haben, daß meine Tochter tanzt, während er immer dazwischenschreit. Ich will nicht haben, daß sie tanzt, während du sie auf solche Art ansiehst. Mit einem Wort: ich will nicht haben, daß sie tanzt.

Herodes. Steh nicht auf, mein Weib, meine Königin. Es wird dir nichts helfen, ich gehe nicht hinein, bevor sie getanzt hat. Tanze, Salome, tanz für mich!

Herodias. Tanze nicht, meine Tochter!

Salome. Ich bin bereit, Tetrarch.

Salomes Tanz

Die Musikanten beginnen einen wilden Tanz. Salome, zuerst noch bewegungslos, richtet sich hoch auf und gibt den Musikanten ein Zeichen, worauf der wilde Rhythmus sofort abgedämpft wird und in eine sanft wiegende Weise überleitet. Salome tanzt sodann den „Tanz der sieben Schleier“.

Sie scheint einen Augenblick zu ermatten, jetzt rafft sie sich wie neubeschwingt auf. Sie verweilt einen Augenblick in visionärer Haltung an der Zisterne, in der Jochanaan gefangen gehalten wird; dann stürzt sie vor und zu Herodes' Füßen.

Herodes. Ah! Herrlich! Wundervoll, wundervoll! *(Zu Herodias)* Siehst du, sie hat für mich getanzt, deine Tochter. Komm her, Salome, komm her, du sollst deinen Lohn haben. Ich will dich königlich belohnen. Ich will dir alles geben, was dein Herz begehrt. Was willst du haben? Sprichl

Salome. *(süß)* Ich möchte, daß sie mir gleich in einer Silberschüssel …

Herodes. *(lachend)* In einer Silberschüssel – gewiß doch – in einer Silberschüssel … Sie ist reizend, nicht? Was ist's, das du in einer Silberschüssel haben möchtest, o süße, schöne Salome, du, die schöner ist als alle Töchter Judäas? Was sollen sie dir in einer Silberschüssel bringen? Sag es mir! Was es auch sein mag, du sollst es erhalten. Meine Reichtümer gehören dir. Was ist es, das du haben möchtest, Salome?

Salome *(steht auf, lächelnd)*. Den Kopf des Jochanaan.

Herodes *(fährt auf)*. Nein, nein!

Herodias. Ah! Das sagst du gut, meine Tochter. Das sagst du gut!

Herodes Nein, nein, Salome; das ist es nicht, was du begehrst! Hör'nicht auf die Stimme deiner Mutter. Sie gab dir immer schlechten Rat. Achte nicht auf sie.

Salome. Ich achte nicht auf die Stimme meiner Mutter. Zu meiner eignen Lust will ich den Kopf des Jochanaan in einer Silberschüssel haben. Du hast einen Eid geschworen, Herodes.

Du hast einen Eid geschworen, vergiß das nicht!

Herodes. *(hastig)* Ich weiß, ich habe einen Eid geschworen. Ich weiß es wohl. Bei meinen Göttern habe ich es geschworen. Aber ich beschwöre dich, Salome, verlange etwas andres von mir. Verlange die Hälfte meines Königreichs. Ich will sie dir geben. Aber verlange nicht von mir, was deine Lippen verlangten.

Salome. *(stark)* Ich verlange von dir den Kopf des Jochanaan!

Herodes. Nein, nein, ich will ihn dir nicht geben.

Salome. Du hast einen Eid geschworen, Herodes.

Herodias. Ja, du hast einen Eid geschworen. Alle haben es gehört.

Herodes. Still, Weib, zu dir spreche ich nicht.

Herodias. Meine Tochter hat recht daran getan, den Kopf des Jochanaan zu verlangen. Er hat mich mit Schimpf und Schande bedeckt. Man kann sehn, daß sie ihre Mutter liebt. Gib nicht nach, meine Tochter, gib nicht nach! Er hat einen Eid geschworen.

Herodes. Still, sprich nicht zu mir! Salome, ich beschwöre dich: sei nicht trotzig! Sieh, ich habe dich immer lieb gehabt. Kann sein, ich habe dich zu lieb gehabt.

Darum verlange das nicht von mir. Der Kopf eines Mannes, der vom Rumpf getrennt ist, ist ein übler Anblick. Hör', was ich sage! Ich habe einen Smaragd. Er ist der schönste Smaragd der ganzen Welt. Den willst du haben, nicht wahr? Verlang' ihn von mir, ich will ihn dir geben, den schönsten Smaragd.

Salome. Ich fordre den Kopf des Jochanaan!

Herodes. Du hörst nicht zu, du hörst nicht zu. Laß mich zu dir reden, Salome!

Salome. Den Kopf des Jochanaan.

Herodes. Das sagst du nur, um mich zu quälen, weil ich dich so angeschaut habe. Deine Schönheit hat mich verwirrt. Oh! Oh! Bringt Wein! Mich dürstet! Salome, Salome, laß uns wie Freunde zu einander sein! Bedenk' dich! Ah! Was wollt ich sagen? Was war's?... Ah! Ich weiß es wieder!... Salome, du kennst meine weißen Pfauen, meine schönen weißen Pfauen, die im Garten zwischen den Myrten wandeln. ... Ich will sie dir alle, alle geben. In der ganzen Welt lebt kein König, der solche Pfauen hat. Ich habe bloß hundert. Aber alle will ich dir geben. *(Er leert seinen Becher.)*

Salome. Gib mir den Kopf des Jochanaan!

Herodias. Gut gesagt, meine Tochter! *(Zu Herodes)* Und du, du bist lächerlich mit deinen Pfauen.

Herodes. Still, Weib! Du kreischest wie ein Raubvogel. Deine Stimme peinigt mich. Still sag' ich dir! Salome, bedenk, was du tun willst. Es kann sein, daß der Mann von Gott gesandt ist. Er ist ein heil'ger Mann. Der Finger Gottes hat ihn berührt. Du möchtest nicht, daß mich ein

Unheil trifft, Salome? Hör' jetzt auf mich!

Salome. Ich will den Kopf des Jochanaan!

Herodes. *(auffahrend).* Ach! Du willst nicht auf mich hören. Sei ruhig, Salome. Ich, siehst du, bin ruhig. Höre: *(leise und heimlich)* Ich habe an diesem Ort Juwelen versteckt, Juwelen, die selbst deine Mutter nie gesehen hat. Ich habe ein Halsband mit vier Reihen Perlen, Topase, gelb wie die Augen der Tiger. Topase, hellrot wie die Augen der Waldtaube, und grüne Topase, wie Katzenaugen. Ich habe Opale, die immer funkeln, mit einem Feuer, kalt wie Eis. Ich will sie dir alle geben, alle! *(Immer aufgeregter)* Ich habe Chrysolithe und Berylle, Chrysoprase und Rubine. Ich habe Sardonyx- und Hyazinthsteine und Steine von

Chalcedon. – Ich will sie dir alle geben, alle und noch andere Dinge. Ich habe einen Kristall, in den zu schaun keinem Weibe vergönnt ist. In einem Perlmutterkästchen habe ich drei wunderbare Türkise: wer sie an seiner Stirne trägt, kann Dinge sehn, die nicht wirklich sind. Es sind unbezahlbare Schätze. Was begehrst du sonst noch, Salome? Alles, was du verlangst, will ich dir geben – nur eines nicht: Nur nicht das Leben dieses einen Mannes. Ich will dir den Mantel des Hohenpriesters geben. Ich will dir den Vorhang des Allerheiligsten geben ...

Die Juden. Oh, oh, oh!

Salome. *(wild)* Gib mir den Kopf des Jochanaan!

(Herodes sinkt verzweifelt auf seinen Sitz zurück.)

Herodes. *(matt)* Man soll ihr geben, was sie verlangt! Sie ist in Wahrheit ihrer Mutter Kind!

(Herodias zieht dem Tetrarchen den Todesring vom Finger und gibt ihn dem ersten Soldaten, der ihn auf der Stelle dem Henker überbringt.)

Herodes. Wer hat meinen Ring genommen?

(Der Henker geht in die Zisterne hinab.)

Ich hatte einen Ring an meiner rechten Hand. Wer hat meinen Wein getrunken? Es war Wein in meinem Becher. Er war mit Wein gefüllt. Es hat ihn jemand ausgetrunken. *(Leise)* Gewiß wird Unheil über einen kommen.

Herodias. Meine Tochter hat recht getan!

Herodes. Ich bin sicher, es wird ein Unheil geschehn.

Salome. *(an der Zisterne lauschend)* Es ist kein Laut zu vernehmen. Ich höre nichts. Warum schreit er nicht, der Mann? Ah! Wenn einer mich zu töten käme, ich würde schreien, ich würde mich wehren, ich würde es nicht dulden!... Schlag zu, schlag zu, Naaman, schlag zu, sag ich dir ... Nein, ich höre nichts. *(Gedehnt)* Es ist eine schreckliche Stille! Ah! Es ist etwas zu Boden gefallen. Ich hörte etwas fallen. Es war das Schwert bes Henkers. Er hat Angst, dieser Sklave. Er hat das Schwert fallen lassen! Er traut sich nicht, ihn zu töten. Er ist eine Memme, dieser Sklave. Schickt Soldaten hin! *(Zum Pagen)* Komm hierher, du warst der Freund dieses Toten, nicht? Wohlan, ich sage dir: Es sind noch nicht genug Tote. Geh zu den Soldaten und befiehl ihnen, hinabzusteigen und mir zu holen, was ich verlange, was der Tetrarch mir versprochen hat, was mein ist!

Der Page weicht zurück, sie wendet sich den Soldaten zu.)

Hierher, ihr Soldaten, geht ihr in die Zisterne hinunter und holt mir den Kopf des Mannes! *(Schreiend)* Tetrarch, Tetrarch, befiehl deinen Soldaten, daß sie mir den Kopf des Jochanaan holen!

(Ein riesengroßer schwarzer Arm, der Arm des Henkers, streckt sich aus der Cisterne heraus, auf einem silbernen Schild den Kopf des Jochanaan haltend, Salome ergreift ihn. Herodes verhüllt sein Gesicht mit dem Mantel. Herodias fächelt sich zu und lächelt. Die Nazarener sinken in die Knie und beginnen zu beten.)

Salome. Ah! Du wolltest mich nicht deinen Mund küssen lassen, Jochanaan! Wohl, ich werde ihn jetzt küssen! Ich will mit meinen Zähnen hineinbeißen, wie man in eine reife Frucht beißen mag. Ja, ich will ihn jetzt küssen, deinen Mund, Jochanaan. Ich hab' es gesagt. Hab' ich's nicht gesagt? Ja, ich hab' es gesagt. Ah! Ah! Ich will ihn jetzt küssen... Aber warum siehst du mich nicht an, Jochanaan? Deine Augen, die so schrecklich waren, so voller Wut und Verachtung, sind jetzt geschlossen. Warum sind sie geschlossen? Öffne doch die Augen, erhebe deine Lider, Jochanaan! Warum siehst du mich nicht an? Hast du Angst vor mir, Jochanaan, daß du mich nicht ansehen willst? Und deine Zunge, sie spricht kein Wort, Jochanaan, diese Scharlachnatter, die ihren Geifer gegen mich spie. Es ist seltsam, nicht? Wie kommt es, daß diese rote Natter sich nicht mehr rührt? Du sprachst böse Worte gegen mich, gegen mich, Salome, die Tochter der Herodias, Prinzessin von Judäa. Nun wohl! Ich lebe noch, aber du bist tot, und dein Kopf, dein Kopf gehört mir! Ich kann mit ihm tun, was ich will. Ich kann ihn den Hunden vorwerfen und den Vögeln der Luft. Was die Hunde übrig lassen, sollen die Vögel der Luft verzehren ... Ah! Ah! Jochanaan, Jochanaan, du warst schön. Dein Leib war eine

Elfenbeinsäule auf silbernen Füßen. Er war ein Garten voller Tauben in der Silberlilien Glanz. Nichts in der Welt war so weiß wie dein Leib. Nichts in der Welt war so schwarz wie dein Haar. In der ganzen Welt war nichts so rot wie dein Mund. Deine Stimme war ein Weihrauchgefäß, und wenn ich dich ansah, hörte ich geheimnisvolle Musik …

(In den Anblick von Jochanaans Haupt versunken.)

Ah! warum hast du mich nicht angesehen, Jochanaan? Du legtest über deine Augen die Binde eines, der seinen Gott schauen wollte. Wohl! Du hast deinen Gott gesehn, Jochanaan, aber mich, mich hast du nie gesehn. Hättest du mich gesehn, du hättest mich geliebt! Ich dürste nach deiner Schönheit. Ich hungre nach deinem Leib.

Nicht Wein noch Apfel können mein Verlangen stillen ... Was soll ich jetzt tun, Jochanaan? Nicht die Fluten, noch die großen Wasser können dieses brünstige Begehren löschen ... Oh! Warum sahst du mich nicht an? Hättest du mich angesehn, du hättest mich geliebt. Ich weiß es wohl, du hättest mich geliebt. Und das Geheimnis der Liebe ist größer als das Geheimnis des Todes ...

Herodes *(leise zu Herodias)*. Sie ist ein Ungeheuer, deine Tochter. Ich sage dir, sie ist ein Ungeheuer!

Herodias *(stark)* Sie hat recht getan. Ich möchte jetzt hier bleiben.

Herodes *(steht auf)* Ah! Da spricht meines Bruders Weib! *(Schwächer)* Komm, ich will nicht an diesem Orte bleiben. *(Heftig)*Komm, sag' ich dir! Sicher, es wird Schreckliches geschehn. Wir wollen uns im Palast verbergen, Herodias, ich fange an zu erzittern ...

(Der Mond verschwindet.)

(Auffahrend) Manassah, Issachar, Ozias, löscht die Fackeln aus. Verbergt den Mond, verbergt die Sterne! Es wird Schreckliches geschehn.

(Die Sklaven löschen die Fackeln aus. Die Sterne verschwinden. Eine große Wolke zieht über den Mond und

verhüllt ihn völlig. Die Bühne wird ganz dunkel. Der Tetrarch beginnt die Treppe hinaufzusteigen.)

Salome *(matt)*. Ah! Ich habe deinen Mund geküßt, Jochanaan. Ah! Ich habe ihn geküßt deinen Mund, es war ein bitterer Geschmack auf deinen Lippen. Hat es nach Blut geschmeckt? Nein! Doch es schmeckte vielleicht nach Liebe ... Sie sagen, daß die Liebe bitter schmecke ... Allein, was tut's? Was tut's? Ich habe deinen Mund geküßt, Jochanaan. Ich habe ihn geküßt, deinen Mund.

(Der Mond bricht wieder hervor und beleuchtet Salome.)

Herodes *(sich umwendend)*. Man töte dieses Weib!

(Die Soldaten stürzen sich auf Salome und begraben sie unter ihren Schilden.)

Der Vorhang fällt schnell.

Ende.